Storyboard Thumbnails

16:9 Film Notebook

_____

_____

_____

Scn:	Shot:	No:

Scn:	Shot:	No:

Scn:	Shot:	No:

Scn:	Shot:	No:

Scn:	Shot:	No:

Scn:	Shot:	No:

Scn:	Shot:	No:

Scn:	Shot:	No:

Scn:	Shot:	No:

Scn:	Shot:	No:

Scn:	Shot:	No:

Scn:	Shot:	No:

| Scn: | Shot: | No: | | Scn: | Shot: | No: |

| Scn: | Shot: | No: | | Scn: | Shot: | No: |

| Scn: | Shot: | No: | | Scn: | Shot: | No: |

| Scn: | Shot: | No: | | Scn: | Shot: | No: |

| Scn: | Shot: | No: | | Scn: | Shot: | No: |

| Scn: | Shot: | No: | | Scn: | Shot: | No: |

Scn:	Shot:	No:

Scn:	Shot:	No:

Scn:	Shot:	No:

Scn:	Shot:	No:

Scn:	Shot:	No:

Scn:	Shot:	No:

| Scn: | Shot: | No: |

| Scn: | Shot: | No: |

| Scn: | Shot: | No: |

| Scn: | Shot: | No: |

| Scn: | Shot: | No: |

| Scn: | Shot: | No: |

| Scn: | Shot: | No: |

| Scn: | Shot: | No: |

| Scn: | Shot: | No: |

| Scn: | Shot: | No: |

| Scn: | Shot: | No: |

| Scn: | Shot: | No: |

| Scn: | Shot: | No: | | Scn: | Shot: | No: |

| Scn: | Shot: | No: | | Scn: | Shot: | No: |

| Scn: | Shot: | No: | | Scn: | Shot: | No: |

Scn:	Shot:	No:

Scn:	Shot:	No:

Scn:	Shot:	No:

Scn:	Shot:	No:

Scn:	Shot:	No:

Scn:	Shot:	No:

| Scn: | Shot: | No: | | Scn: | Shot: | No: |

| Scn: | Shot: | No: | | Scn: | Shot: | No: |

| Scn: | Shot: | No: | | Scn: | Shot: | No: |

| Scn: | Shot: | No: |

| Scn: | Shot: | No: |

| Scn: | Shot: | No: |

| Scn: | Shot: | No: |

| Scn: | Shot: | No: |

| Scn: | Shot: | No: |

Scn:	Shot:	No:		Scn:	Shot:	No:

Scn:	Shot:	No:		Scn:	Shot:	No:

Scn:	Shot:	No:		Scn:	Shot:	No:

| Scn: | Shot: | No: | | Scn: | Shot: | No: |

| Scn: | Shot: | No: | | Scn: | Shot: | No: |

| Scn: | Shot: | No: | | Scn: | Shot: | No: |

| Scn: | Shot: | No: | | Scn: | Shot: | No: |

| Scn: | Shot: | No: | | Scn: | Shot: | No: |

| Scn: | Shot: | No: | | Scn: | Shot: | No: |

Scn:	Shot:	No:

Scn:	Shot:	No:

Scn:	Shot:	No:

Scn:	Shot:	No:

Scn:	Shot:	No:

Scn:	Shot:	No:

Scn:	Shot:	No:

Scn:	Shot:	No:

Scn:	Shot:	No:

Scn:	Shot:	No:

Scn:	Shot:	No:

Scn:	Shot:	No:

Scn:	Shot:	No:

Scn:	Shot:	No:

Scn:	Shot:	No:

Scn:	Shot:	No:

Scn:	Shot:	No:

Scn:	Shot:	No:

| Scn: | Shot: | No: | | Scn: | Shot: | No: |

| Scn: | Shot: | No: | | Scn: | Shot: | No: |

| Scn: | Shot: | No: | | Scn: | Shot: | No: |

| Scn: | Shot: | No: | | Scn: | Shot: | No: |

| Scn: | Shot: | No: | | Scn: | Shot: | No: |

| Scn: | Shot: | No: | | Scn: | Shot: | No: |

Scn:	Shot:	No:

Scn:	Shot:	No:

Scn:	Shot:	No:

Scn:	Shot:	No:

Scn:	Shot:	No:

Scn:	Shot:	No:

Scn:	Shot:	No:

Scn:	Shot:	No:

Scn:	Shot:	No:

Scn:	Shot:	No:

Scn:	Shot:	No:

Scn:	Shot:	No:

| Scn: | Shot: | No: |

| Scn: | Shot: | No: |

| Scn: | Shot: | No: |

| Scn: | Shot: | No: |

| Scn: | Shot: | No: |

| Scn: | Shot: | No: |

Scn:	Shot:	No:

Scn:	Shot:	No:

Scn:	Shot:	No:

Scn:	Shot:	No:

Scn:	Shot:	No:

Scn:	Shot:	No:

Scn:	Shot:	No:

Scn:	Shot:	No:

Scn:	Shot:	No:

Scn:	Shot:	No:

Scn:	Shot:	No:

Scn:	Shot:	No:

| Scn: | Shot: | No: | | Scn: | Shot: | No: |

| Scn: | Shot: | No: | | Scn: | Shot: | No: |

| Scn: | Shot: | No: | | Scn: | Shot: | No: |

| Scn: | Shot: | No: | | Scn: | Shot: | No: |

| Scn: | Shot: | No: | | Scn: | Shot: | No: |

| Scn: | Shot: | No: | | Scn: | Shot: | No: |

| Scn: | Shot: | No: | | Scn: | Shot: | No: |

| Scn: | Shot: | No: | | Scn: | Shot: | No: |

| Scn: | Shot: | No: | | Scn: | Shot: | No: |

| Scn: | Shot: | No: | | Scn: | Shot: | No: |

| Scn: | Shot: | No: | | Scn: | Shot: | No: |

| Scn: | Shot: | No: | | Scn: | Shot: | No: |

Scn:	Shot:	No:

Scn:	Shot:	No:

Scn:	Shot:	No:

Scn:	Shot:	No:

Scn:	Shot:	No:

Scn:	Shot:	No:

Scn:	Shot:	No:		Scn:	Shot:	No:

Scn:	Shot:	No:		Scn:	Shot:	No:

Scn:	Shot:	No:		Scn:	Shot:	No:

Scn:	Shot:	No:

Scn:	Shot:	No:

Scn:	Shot:	No:

Scn:	Shot:	No:

Scn:	Shot:	No:

Scn:	Shot:	No:

Scn:	Shot:	No:

Scn:	Shot:	No:

Scn:	Shot:	No:

Scn:	Shot:	No:

Scn:	Shot:	No:

Scn:	Shot:	No:

Scn:	Shot:	No:

Scn:	Shot:	No:

Scn:	Shot:	No:

Scn:	Shot:	No:

Scn:	Shot:	No:

Scn:	Shot:	No:

| Scn: | Shot: | No: |

| Scn: | Shot: | No: |

| Scn: | Shot: | No: |

| Scn: | Shot: | No: |

| Scn: | Shot: | No: |

| Scn: | Shot: | No: |

Scn:	Shot:	No:

Scn:	Shot:	No:

Scn:	Shot:	No:

Scn:	Shot:	No:

Scn:	Shot:	No:

Scn:	Shot:	No:

Scn:	Shot:	No:

Scn:	Shot:	No:

Scn:	Shot:	No:

Scn:	Shot:	No:

Scn:	Shot:	No:

Scn:	Shot:	No:

Scn:	Shot:	No:

Scn:	Shot:	No:

Scn:	Shot:	No:

Scn:	Shot:	No:

Scn:	Shot:	No:

Scn:	Shot:	No:

Scn:	Shot:	No:		Scn:	Shot:	No:

Scn:	Shot:	No:		Scn:	Shot:	No:

Scn:	Shot:	No:		Scn:	Shot:	No:

| Scn: | Shot: | No: |

| Scn: | Shot: | No: |

| Scn: | Shot: | No: |

| Scn: | Shot: | No: |

| Scn: | Shot: | No: |

| Scn: | Shot: | No: |

Scn:	Shot:	No:

Scn:	Shot:	No:

Scn:	Shot:	No:

Scn:	Shot:	No:

Scn:	Shot:	No:

Scn:	Shot:	No:

Scn:	Shot:	No:

Scn:	Shot:	No:

Scn:	Shot:	No:

Scn:	Shot:	No:

Scn:	Shot:	No:

Scn:	Shot:	No:

Scn:	Shot:	No:

Scn:	Shot:	No:

Scn:	Shot:	No:

Scn:	Shot:	No:

Scn:	Shot:	No:

Scn:	Shot:	No:

| Scn: | Shot: | No: | | Scn: | Shot: | No: |

| Scn: | Shot: | No: | | Scn: | Shot: | No: |

| Scn: | Shot: | No: | | Scn: | Shot: | No: |

| Scn: | Shot: | No: | | Scn: | Shot: | No: |

| Scn: | Shot: | No: | | Scn: | Shot: | No: |

| Scn: | Shot: | No: | | Scn: | Shot: | No: |

| Scn: | Shot: | No: | | Scn: | Shot: | No: |

| Scn: | Shot: | No: | | Scn: | Shot: | No: |

| Scn: | Shot: | No: | | Scn: | Shot: | No: |

Scn:	Shot:	No:		Scn:	Shot:	No:

Scn:	Shot:	No:		Scn:	Shot:	No:

Scn:	Shot:	No:		Scn:	Shot:	No:

Scn:	Shot:	No:
Scn:	Shot:	No:
Scn:	Shot:	No:
Scn:	Shot:	No:
Scn:	Shot:	No:
Scn:	Shot:	No:

Scn:	Shot:	No:

Scn:	Shot:	No:

Scn:	Shot:	No:

Scn:	Shot:	No:

Scn:	Shot:	No:

Scn:	Shot:	No:

Scn:	Shot:	No:

Scn:	Shot:	No:

Scn:	Shot:	No:

Scn:	Shot:	No:

Scn:	Shot:	No:

Scn:	Shot:	No:

Scn:	Shot:	No:

Scn:	Shot:	No:

Scn:	Shot:	No:

Scn:	Shot:	No:

Scn:	Shot:	No:

Scn:	Shot:	No:

Scn:	Shot:	No:

Scn:	Shot:	No:

Scn:	Shot:	No:

Scn:	Shot:	No:

Scn:	Shot:	No:

Scn:	Shot:	No:

| Scn: | Shot: | No: | | Scn: | Shot: | No: |

| Scn: | Shot: | No: | | Scn: | Shot: | No: |

| Scn: | Shot: | No: | | Scn: | Shot: | No: |

Scn:	Shot:	No:

Scn:	Shot:	No:

Scn:	Shot:	No:

Scn:	Shot:	No:

Scn:	Shot:	No:

Scn:	Shot:	No:

Scn:	Shot:	No:		Scn:	Shot:	No:

Scn:	Shot:	No:		Scn:	Shot:	No:

Scn:	Shot:	No:		Scn:	Shot:	No:

Scn:	Shot:	No:

Scn:	Shot:	No:

Scn:	Shot:	No:

Scn:	Shot:	No:

Scn:	Shot:	No:

Scn:	Shot:	No:

Scn:	Shot:	No:

Scn:	Shot:	No:

Scn:	Shot:	No:

Scn:	Shot:	No:

Scn:	Shot:	No:

Scn:	Shot:	No:

Scn:	Shot:	No:

Scn:	Shot:	No:

Scn:	Shot:	No:

Scn:	Shot:	No:

Scn:	Shot:	No:

Scn:	Shot:	No:

Scn:	Shot:	No:

Scn:	Shot:	No:

Scn:	Shot:	No:

Scn:	Shot:	No:

Scn:	Shot:	No:

Scn:	Shot:	No:

Scn:	Shot:	No:		Scn:	Shot:	No:

Scn:	Shot:	No:		Scn:	Shot:	No:

Scn:	Shot:	No:		Scn:	Shot:	No:

| Scn: | Shot: | No: | | Scn: | Shot: | No: |

| Scn: | Shot: | No: | | Scn: | Shot: | No: |

| Scn: | Shot: | No: | | Scn: | Shot: | No: |

Scn:	Shot:	No:		Scn:	Shot:	No:

Scn:	Shot:	No:		Scn:	Shot:	No:

Scn:	Shot:	No:		Scn:	Shot:	No:

Scn:	Shot:	No:

Scn:	Shot:	No:

Scn:	Shot:	No:

Scn:	Shot:	No:

Scn:	Shot:	No:

Scn:	Shot:	No:

Scn:	Shot:	No:

Scn:	Shot:	No:

Scn:	Shot:	No:

Scn:	Shot:	No:

Scn:	Shot:	No:

Scn:	Shot:	No:

Scn:	Shot:	No:

Scn:	Shot:	No:

Scn:	Shot:	No:

Scn:	Shot:	No:

Scn:	Shot:	No:

Scn:	Shot:	No:

Scn:	Shot:	No:

Scn:	Shot:	No:

Scn:	Shot:	No:

Scn:	Shot:	No:

Scn:	Shot:	No:

Scn:	Shot:	No:

Scn:	Shot:	No:
Scn:	Shot:	No:
Scn:	Shot:	No:
Scn:	Shot:	No:
Scn:	Shot:	No:
Scn:	Shot:	No:

Scn:	Shot:	No:

Scn:	Shot:	No:

Scn:	Shot:	No:

Scn:	Shot:	No:

Scn:	Shot:	No:

Scn:	Shot:	No:

Scn:	Shot:	No:		Scn:	Shot:	No:

Scn:	Shot:	No:		Scn:	Shot:	No:

Scn:	Shot:	No:		Scn:	Shot:	No:

Scn:	Shot:	No:

Scn:	Shot:	No:

Scn:	Shot:	No:

Scn:	Shot:	No:

Scn:	Shot:	No:

Scn:	Shot:	No:

| Scn: | Shot: | No: | | Scn: | Shot: | No: |

| Scn: | Shot: | No: | | Scn: | Shot: | No: |

| Scn: | Shot: | No: | | Scn: | Shot: | No: |

Scn:	Shot:	No:

Scn:	Shot:	No:

Scn:	Shot:	No:

Scn:	Shot:	No:

Scn:	Shot:	No:

Scn:	Shot:	No:

Scn:	Shot:	No:

Scn:	Shot:	No:

Scn:	Shot:	No:

Scn:	Shot:	No:

Scn:	Shot:	No:

Scn:	Shot:	No:

Scn:	Shot:	No:

Scn:	Shot:	No:

Scn:	Shot:	No:

Scn:	Shot:	No:

Scn:	Shot:	No:

Scn:	Shot:	No:

Scn:	Shot:	No:

Scn:	Shot:	No:

Scn:	Shot:	No:

Scn:	Shot:	No:

Scn:	Shot:	No:

Scn:	Shot:	No:

| Scn: | Shot: | No: | | Scn: | Shot: | No: |

| Scn: | Shot: | No: | | Scn: | Shot: | No: |

| Scn: | Shot: | No: | | Scn: | Shot: | No: |

Scn:	Shot:	No:		Scn:	Shot:	No:

Scn:	Shot:	No:		Scn:	Shot:	No:

Scn:	Shot:	No:		Scn:	Shot:	No:

Scn:	Shot:	No:

Scn:	Shot:	No:

Scn:	Shot:	No:

Scn:	Shot:	No:

Scn:	Shot:	No:

Scn:	Shot:	No:

| Scn: | Shot: | No: | | Scn: | Shot: | No: |

| Scn: | Shot: | No: | | Scn: | Shot: | No: |

| Scn: | Shot: | No: | | Scn: | Shot: | No: |

Scn:	Shot:	No:

Scn:	Shot:	No:

Scn:	Shot:	No:

Scn:	Shot:	No:

Scn:	Shot:	No:

Scn:	Shot:	No:

| Scn: | Shot: | No: |

| Scn: | Shot: | No: |

| Scn: | Shot: | No: |

| Scn: | Shot: | No: |

| Scn: | Shot: | No: |

| Scn: | Shot: | No: |

Scn:	Shot:	No:

Scn:	Shot:	No:

Scn:	Shot:	No:

Scn:	Shot:	No:

Scn:	Shot:	No:

Scn:	Shot:	No:

Scn:	Shot:	No:

Scn:	Shot:	No:

Scn:	Shot:	No:

Scn:	Shot:	No:

Scn:	Shot:	No:

Scn:	Shot:	No:

Scn:	Shot:	No:

Scn:	Shot:	No:

Scn:	Shot:	No:

Scn:	Shot:	No:

Scn:	Shot:	No:

Scn:	Shot:	No:

Scn:	Shot:	No:

Scn:	Shot:	No:

Scn:	Shot:	No:

Scn:	Shot:	No:

Scn:	Shot:	No:

Scn:	Shot:	No:

Scn:	Shot:	No:

Scn:	Shot:	No:

Scn:	Shot:	No:

Scn:	Shot:	No:

Scn:	Shot:	No:

Scn:	Shot:	No:

Scn:	Shot:	No:

Scn:	Shot:	No:

Scn:	Shot:	No:

Scn:	Shot:	No:

Scn:	Shot:	No:

Scn:	Shot:	No:

Scn:	Shot:	No:

Scn:	Shot:	No:

Scn:	Shot:	No:

Scn:	Shot:	No:

Scn:	Shot:	No:

Scn:	Shot:	No:

Scn:	Shot:	No:

Scn:	Shot:	No:

Scn:	Shot:	No:

Scn:	Shot:	No:

Scn:	Shot:	No:

Scn:	Shot:	No:

| Scn: | Shot: | No: |

| Scn: | Shot: | No: |

| Scn: | Shot: | No: |

| Scn: | Shot: | No: |

| Scn: | Shot: | No: |

| Scn: | Shot: | No: |

| Scn: | Shot: | No: |

| Scn: | Shot: | No: |

| Scn: | Shot: | No: |

| Scn: | Shot: | No: |

| Scn: | Shot: | No: |

| Scn: | Shot: | No: |

Scn:	Shot:	No:		Scn:	Shot:	No:

Scn:	Shot:	No:		Scn:	Shot:	No:

Scn:	Shot:	No:		Scn:	Shot:	No:

Scn:	Shot:	No:
Scn:	Shot:	No:
Scn:	Shot:	No:
Scn:	Shot:	No:
Scn:	Shot:	No:
Scn:	Shot:	No:

Scn:	Shot:	No:

Scn:	Shot:	No:

Scn:	Shot:	No:

Scn:	Shot:	No:

Scn:	Shot:	No:

Scn:	Shot:	No:

| Scn: | Shot: | No: |

| Scn: | Shot: | No: |

| Scn: | Shot: | No: |

| Scn: | Shot: | No: |

| Scn: | Shot: | No: |

| Scn: | Shot: | No: |

Scn:	Shot:	No:

Scn:	Shot:	No:

Scn:	Shot:	No:

Scn:	Shot:	No:

Scn:	Shot:	No:

Scn:	Shot:	No:

Scn:	Shot:	No:

Scn:	Shot:	No:

Scn:	Shot:	No:

Scn:	Shot:	No:

Scn:	Shot:	No:

Scn:	Shot:	No:

Scn:	Shot:	No:

Scn:	Shot:	No:

Scn:	Shot:	No:

Scn:	Shot:	No:

Scn:	Shot:	No:

Scn:	Shot:	No:

Scn:	Shot:	No:

Scn:	Shot:	No:

Scn:	Shot:	No:

Scn:	Shot:	No:

Scn:	Shot:	No:

Scn:	Shot:	No:

| Scn: | Shot: | No: |

| Scn: | Shot: | No: |

| Scn: | Shot: | No: |

| Scn: | Shot: | No: |

| Scn: | Shot: | No: |

| Scn: | Shot: | No: |

Scn:	Shot:	No:

Scn:	Shot:	No:

Scn:	Shot:	No:

Scn:	Shot:	No:

Scn:	Shot:	No:

Scn:	Shot:	No:

Scn:	Shot:	No:		Scn:	Shot:	No:

Scn:	Shot:	No:

Scn:	Shot:	No:

Scn:	Shot:	No:

Scn:	Shot:	No:

Scn:	Shot:	No:

Scn:	Shot:	No:

| Scn: | Shot: | No: |

| Scn: | Shot: | No: |

| Scn: | Shot: | No: |

| Scn: | Shot: | No: |

| Scn: | Shot: | No: |

| Scn: | Shot: | No: |

| Scn: | Shot: | No: |
| Scn: | Shot: | No: |

| Scn: | Shot: | No: |
| Scn: | Shot: | No: |

| Scn: | Shot: | No: |
| Scn: | Shot: | No: |

| Scn: | Shot: | No: | Scn: | Shot: | No: |

| Scn: | Shot: | No: | Scn: | Shot: | No: |

| Scn: | Shot: | No: | Scn: | Shot: | No: |

Scn:	Shot:	No:

Scn:	Shot:	No:

Scn:	Shot:	No:

Scn:	Shot:	No:

Scn:	Shot:	No:

Scn:	Shot:	No:

| Scn: | Shot: | No: | | Scn: | Shot: | No: |

| Scn: | Shot: | No: | | Scn: | Shot: | No: |

| Scn: | Shot: | No: | | Scn: | Shot: | No: |

Scn:	Shot:	No:

Scn:	Shot:	No:

Scn:	Shot:	No:

Scn:	Shot:	No:

Scn:	Shot:	No:

Scn:	Shot:	No:

| Scn: | Shot: | No: | | Scn: | Shot: | No: |

| Scn: | Shot: | No: | | Scn: | Shot: | No: |

| Scn: | Shot: | No: | | Scn: | Shot: | No: |

Scn:	Shot:	No:

Scn:	Shot:	No:

Scn:	Shot:	No:

Scn:	Shot:	No:

Scn:	Shot:	No:

Scn:	Shot:	No:

| Scn: | Shot: | No: |

| Scn: | Shot: | No: |

| Scn: | Shot: | No: |

| Scn: | Shot: | No: |

| Scn: | Shot: | No: |

| Scn: | Shot: | No: |

| Scn: | Shot: | No: | | Scn: | Shot: | No: |

| Scn: | Shot: | No: | | Scn: | Shot: | No: |

| Scn: | Shot: | No: | | Scn: | Shot: | No: |

Scn:	Shot:	No:

Scn:	Shot:	No:

Scn:	Shot:	No:

Scn:	Shot:	No:

Scn:	Shot:	No:

Scn:	Shot:	No:

| Scn: | Shot: | No: |
| Scn: | Shot: | No: |

| Scn: | Shot: | No: |
| Scn: | Shot: | No: |

| Scn: | Shot: | No: |
| Scn: | Shot: | No: |

| Scn: | Shot: | No: |

| Scn: | Shot: | No: |

| Scn: | Shot: | No: |

| Scn: | Shot: | No: |

| Scn: | Shot: | No: |

| Scn: | Shot: | No: |

Scn:	Shot:	No:

Scn:	Shot:	No:

Scn:	Shot:	No:

Scn:	Shot:	No:

Scn:	Shot:	No:

Scn:	Shot:	No:

| Scn: | Shot: | No: | | Scn: | Shot: | No: |

| Scn: | Shot: | No: | | Scn: | Shot: | No: |

| Scn: | Shot: | No: | | Scn: | Shot: | No: |

| Scn: | Shot: | No: |
| Scn: | Shot: | No: |

| Scn: | Shot: | No: |
| Scn: | Shot: | No: |

| Scn: | Shot: | No: |
| Scn: | Shot: | No: |

| Scn: | Shot: | No: | | Scn: | Shot: | No: |

| Scn: | Shot: | No: | | Scn: | Shot: | No: |

| Scn: | Shot: | No: | | Scn: | Shot: | No: |

Made in the USA
Lexington, KY
19 December 2018